Markus B. Bolli

BABA POEM II

Bibliografische Information der Deutschen
Nationalbibliothek: Die Deutsche Nationalbibliothek
verzeichnet diese Publikation in der Deutschen
Nationalbibliografie; detaillierte bibliografische Daten
sind im Internet über dnb.d-nb.de abrufbar.

TWENTYSIX – der Self-Publishing-Verlag
Eine Kooperation zwischen der Verlagsgruppe Random
House und BoD – Books on Demand

© 2017 Bolli, Markus B.

Herstellung und Verlag:
BoD – Books on Demand, Norderstedt

ISBN: 978-3-7407-3314-8

Markus B. Bolli

BABA POEM II

...Visionen einer Wirklichkeit...

Von den Farben (Farbgeschichten)

Geräuschliches und klangliches

Erde zu Erde

Wohliges und warmes

...und so seien sie ... und so sie da seien...

Pantheon

Vom Zeitlichen

Zeiten

Welten

Vom Träumen

1. Wahrheiten tief aus der Seele

Sei da wartend bis der Schlaf den Träumen
das Tor zur Seele öffnet
Vielleicht da Tag und es träumet schon
Gebunden der Mund als auch vertrauet
dem seienden Worte
Ob Dunkelheit da ist oder Licht da wacht
Sei der Wahrheit nicht abgetan
Abbildnis aus Weltenlanden in der Geistes Seel
Klanglich sich öffnen wo die Wahrheit ruht
Von Zeit zu Zeiten da näher auch so treten mag

2. Für einmal sah es anders aus

Bist mit Nichten getäuscht ab wechselnden Dingen
Trotz Leichtigkeit und Sein beruht
Ändern und ändert was so beständig erscheint
Stehts und steht
Immer und so wieder
Der Wandel der Zeit allgegenwärtig erscheint
Ob das Jetzt erhält oder von Nichten geplagt
Kann das auch für den Moment als anders erscheinen
Ganz hart wie Stein
Durchdringbar und Weich wie des Jungfers Haar

3. Tagträumer

Des Tagträumers Berufung als Wirklichkeit in der
Wirklichkeit
Nur zu süss kann das Leben auch sein
Sei er stark im Dunkel der Nacht
und ergeben im Lichte des Tages
Unendliche Weiten sich ihm erscheinen
Verstehn ist über den wirklichen Verstand erhaben
Die Gewisse Abwesenheit des schönen Denkens halber
Aber voll da ist in reinem Geiste
Formen der Kreativität
Gefilde der Imagination

4. Substanzen der Träume

Anno Domini, in alter Zeit, hiess es die Träume seien
aus göttlichem Schosse gepriesen
Erleuchtung, Vision und Erscheinung
Manche Leute munkelten es sei der Staub der Sterne
Oder eben das Werk göttlicher Einheit,
welche uns die Nächte und auch die Tage versüssen
Die Seele ebenso tief berührn
Wiederum sind Symbolismus und Bildhaftigkeit ein
Segen aller Zeiten
Wie die Träume da so entstehn
Was Menschen jeglichen Alters die Augen funkeln lässt
Nun denn suchst die Substanz im Eigentlichen
Inhalt des Gefüges und der Tiefe des Traumes selbst
Alte Leben, Neue Passion
Andere Leben weitere Inspiration

5. Traumbilder

Sie erscheinen mitten im Leben als Erkenntnis und der
Situation gedacht
Mal wunderschön
Dann bittersüss
Des Künstlers Seelennahrung es auch sein kann
Sie schichten sich und sind wilde da wilde herum
Farbe über Farbe
Bild um Bild
Mag die Dame Schöne Auen oder muss der Gleichen in
den Schlund der Tiefe sehn
Bilder der Vielfalt sind Träume als Omen

6. Welten in Welten

Siehst so da Welten vor dir
Geht in jedem Punkte eine Neue auf
Sowie im Neuen wieder
und wieder die Metamorphose schafft
Findet niemals ein Ende
Nicht einmal im Tode selbst
Wo der eine Stern nicht weit entfernt
Der Andere nach und nach immer mehr sich ergeben
Neue Erscheinen und das nicht mehr endet
im All der Zeiten

Das Leben – Die Kunst

7. Von Motivation, Wille, Freude und Disziplin

Wo der Wille ruht, zieht dich die Freude hin
Freude liegt im Willen deiner Inspiration
und der Individualität
Die innere Motivation bringt uns zum Merkur
und wieder zurück
Freude umfasst Saturn mit dem glänzende Ringe
seiner Monde
All das sei die liebliche Disziplin deiner

8. Von der Muse

Sei das was das ganze lange Leben lang andauert
Ist der Quell dessen wo der Inhalt seines ruht

9. Von der Inspiration

Betrachtet die Welt mit all ihren Welten
Erhöret das Rauschen des Wassers
Wo auch immer es fliesst
Und da der Geruch der Blüte
Wo auch immer auf der Weltenerde
Berührt so die Seele deiner
Des Innigsten zur Inspiration

10. Von der Kreativität

Die Kraft der Passion
Die Passion der Muse
Die Muse des Künstlers
Der Künstler der Muse
Die Muse der Inspiration
Die Urkraft des schaffenden Machens
Als Ausdruck der Allgegenwärtigkeit

11. Von Impression und Expression

Involution im wahrsten Sinne des Ausdruckes
Tief gezeigte Kraft der Vitalität
Schöpfung in Reinheit der Leidenschaft

Quellen der Kraft

12. Quellen der Kraft

Ureigenste Motivation
Die Freude und Inspiration
Wille im eigensten Sinne
Urquell zur seienden Kraft
Kernpunkt der Energie deiner
Ursprung allen kreativen Ausdruckes

13. Energie des Lichtes

Sei der Klang des lieblichen Lichtes
Die Schwingung deiner inneren Sonne
Wärme als Ort der Quelle der Kraft
Jeder Schatten auch erfährt das Glück des Lichtes

14. Vom Innern da kommt / Vom Innern da ist

Das Licht und die Wahrheit
Ob durch Pinsel oder Schreibwerk
Auf Blatt, in Zeit und Leinwand
Da kommt die Farbe und der Klang
Immerfort die Bahnen der Energie

15. Urquelle

Die reine Quelle der Inspiration
Sie fliesst eiskalt durch die Berge
So landet des Menschen Hand da drinnen
Erfrischt das Gemüt mit der zart vitalen,
ureignen Urquelle
Wie viele Formen und Strukturen
sich im Flusse des Lebens befinden
Wirbel, Strom und Wasserfall

Odyssee der Stille

16. ...und so ward neues entfacht...

Und Gedanke, alles endet und zerfliesst
Bis dann neues entsteht und steht blühet
Aus der Stille der Klang der Welten du erhorchst
Musik der Ruhe
So die alte Harmonie Mutter Erde da wieder
und wieder entfachet
Leise und mit wohlig warmen Kleide wird der Kosmos
deiner Inspiration zur allemal neuen Schöpfung immer
und immer wieder zelebriert

Von Kindes jung bis in des Greises Alter
Der Opus des Lebens erschafft
...und so ward neues entfacht...

17. Erschaffung für die Ewigkeit

Gedanken für die Ewigkeit
Musik für all die Zeiten
Auch ab der Zeit doch für der Selben
Ewig hält was ewig seiend ist
Ob Auferstehung oder Zerfall
Im Moment entstanden oder jahrelang erschaffen
Ist denn nicht alles im Jetzt da ewig
Nicht nur die Ästhetik und des Gleichen
Vielleicht auch was wertvoll oder von grossem Nutzen
Jedoch ist alles da vergänglich
und doch war alles was war einmal wahr

18. Die heilige Vielfältigkeit

Ich bediene nicht nur die eine Art
Obwohl gerne von Zeit zu Zeit dieselbe
Wenn jedem Instrument eine Gottheit innewohnen
würde, wär ich Polytheist
Viele Götter freunden sich einender an
Was nicht so alles möglich sei auf dieser Welt
Die Vielfalt der Stile oder die unzähligen Instrumente
auf unserem Planeten
Der Purismus als Pendant
Ja das heilige Pendant des Monotheismus
So sei die Freiheit der Musik zugrunde und gibt und
unser täglich Brot

Eine jede Gottheit besitzt seine Instrumente
Sag Hallo zu den Kulturen
Om, Amen und Namaste

19. Odyssee der Stille

In der Stille liegt um so mehr der Klang
Im Klange die Welt schon seit Urzeiten innewohnt
Nur das Echo der Zeit als Opus der Kunst
Will des Ewigen da immer währen

Liebe da sei

20. Ach schau an die Liebe

Sie kommt, sie geht und macht auch immer sie will
Einmal wie immer fest im Herzen
Alsdann in den Tiefen des Geistes Seel
Wie nicht da sie sein kann aber trotzdem lebt
So präsent sie wirkt und sowie als nicht existiert

21. Vom Kennen und Verkennen

Willst du es zu kennen haben
Kennen, wissen, zu eigen machen
Wer kennt der kann wissen und glauben
Die Kunst heisst kennen
Du kennst es und vergisst niemals wie es ist
Oder die Kenntnis ändern
Der neuen Erfahrung zu liebe
Wahrlich kennen, so wisset
Wer dem Kennen entsagt
und sich dem Verkennen nähert

Kommt der dunklen Seite des Kennens auf die Spur
Das Verkenntnis des Menschen
Nicht zu raten oder zu müssen
Dergleichen was Verkennen nicht kennt, das Kennen
sehr mag

So das Kennen zu anerkennen vergisst das Verkennen
in allem
Bekannt und anerkannt des Kennens Liebe
Aberkannt und verkannt dessen Hass gut erkannt
Unerkannt schweifen die Kenntnisse in aller Ewigkeit

Inspiration

22. Involution, Revolution und Evolution

Tief im Innern Geistes Gefüge
Gefühlt, gedacht, geträumt und geliebt

Welten auf Welten
Träume auf Träume

Veränderung im weltlichen Gefüge
Überzeugung, Idealismus, Wille und Verstand

Träume auf Erden
Träume werden Wahrheiten

Die Zeiten da gehn und sich erneuern
Gelebt, entwickelt und das Sein zum Werden

Welt bleibt Welt
Träume kommen und Träume gehn

23. Authentizität und Purismus

Die Stile in Reinkultur
Kultur im reinen Stile
Echt, authentisch und unverkennbar auf dieser Erde
Bekennend der Stil eigenen Evolution in sich
Stileigene Entwicklung im puristischen Eigenwert
Pure Stileigenschaft
Stil pur
Der Echtheit schaffend und sehr erhaben
Treu der eigenen Stilistik
Im Geiste immerwährend eine gegebene, sich
wiederholende Phrase
In sich selbst erweitern mag
Oder schlicht da bleibt wo es ist
Die Meinung erhalten und weitergeführt
Überzeugung zum tiefsten Punkte
Das Selbe dessen was des Geistes innewohnt
Zu geben in sich und dessen
was die allseiende Quelle schöpft

Zaubergesprochenes

24. Der Zauber der Sprüche

Menschen Geist da schaffet des Wortes Magie
Offen die Weiten ganz die Wahrheit
Wo von einem Munde zum Andern, da die Märchen
und Mythen dich begleiten
Der Greis seinen Traum so gross wie die Gestirne
Wo die Sterne enden und das Nichts als Weite herrscht
Die Weisheit dicht verpackt in den Sprüchen Zauber
Wirket hier und dort für Gutes und Weises

Der Zauber währt in ewige Zeit und Leben
Denn was du mir sagtest sei heilig und voller Wahrheit
So du niemals vergisst was der Zauber der Sprüche ist

25. Verzaubert

Verzaubert das Gemüt von Kopf bis zum Fusse
Der Zauber dich einnimmt und ach so lieblich umgibt
Woher Zauber kommen mag
Vom Innern des Weltenschreines
Reitest durch die Gestirne der Zeiten
Was niemals zu enden vermag
Heilt und gibt Segen
Sowie entsteht und vergeht

26. Verlorene Schätze

Was soll auch verloren sein
der Schätze des Gesprochenen
Was nur vergehn kann in den Weiten des Klanges
Universum
Ob gejagt und verspien
Der Geist niemals vergisst
Was geschaffen und getan
Wo des Traumes Grösse innelebt

27. Wohin reist die Magie (magisches)

... wenn die Sterne hinter der Wolkendecke verschwinden und zwischen Sonne und Mond das Nichts am Himmel steht. Das Dunkel der Nacht eintritt und alles für die Weile verschwindet. Wie im Niemalsmeer versunken. Dies sei die magische Energie der Reise dessen. Niemals weg und immer da...

28. Woher die Magie

Fragt sich wie die Zeit entsteht. Wo auch immer die Musik einhergeht. Der Klang, die Zeit im Neuen schafft. Die Schöpfung der Zeit ist fabelhaft.

29. Magie im Jetzt und Morgen

Magie lebt nur im Hier und Jetzt
Da wo die Energien sich treffen
Dort wo die Menschenskinder leben
Überall im Mittelpunkt des Seins
Magie kann sein im Sein der Mitte
Da wo der Weltenklang entsteht
Dort woher alles entstand
Überall wo deine Füsse auch laufen

Das Geschichte

30. Das Geschichte der Geschichte

Schichten über Schichten
Epochen über Epochen

Gesprochen, geschrieben und getan

Zeiten über Zeiten
Menschen über Menschen

Erzählt, gezählt und vertan

Kulturen über Kulturen
Geschichten über Geschichten

Überliefert, versteckt und ewig

31. Schichten über Schichten

Ineinander verflochten und übereinander gestapelt
Ein Kasten voller Schubladen
Beinhaltet mit verschiedensten Gütern der Zeit
Nebeneinander, untereinander, übereinander und
ineinander
Oder auch ein Durcheinander
Von oben und unten und der Seite einher
Fast unüberschaubar dies sich so ergibt
Dimensionen der Zeit und die Zeit der Dimensionen

32. Die Schicht der Geschicht

Gegangen viele Wege
Gelebt Leben um Leben
Seit Menschen gedenken sie da währt
Gesungen die Lieder der Zeit
Zu Gemüte gekommen die Nahrung der Welt
Unfassbar ist sie und unerdenklich der Grösse
Die Schicht der Geschicht
Erlebt zum Leben

33. Die Schichten eines Traumes

Auf Bilder folgen Bilder
Endlos im Traume des menschlich Wesen
Szenen des tiefen Ichs der Menschen Seel
Zeichen auf Zeichen aus der Welt des jedem Ein
Wo Verwandtschaften sich finden ist ein reiner Traum

34. Farbschichten

Im Abendlande die Schicht der Kasten
Farbig oder nicht
Schichten des Künstlers welche seinen Träumen
entsprechen
Kulturen leben oder wieder
Alte Farbe weg, neue dahin
Schwarz, Rot, Weiss und Braun
Alles Farbgeschichten

Von den Farben

35. Vielfältig Farblos

Vielleicht ist das Farblose einfach nicht allzu taktvoll
Oder schlicht vielseitig Farblos
Zu wenig Regenbogen
Zu sehr ohne Pigmente
Zu alt ist sie schon
Die Geschichte der Farblosigkeit
Sicher vielfältig aber dies gleicht eher einem
Scheindasein

36. Mehrfarbig

Wo die Mehrfarbigkeit lebt, wohnt die Freude weit
entfernt inne
Nicht üblich ist der Mensch auch mehrfarbig
Vielmehr in seiner Farbe
Seinen Nuancen der Farblichkeit
Was zu Freuden aller sein müsste
Oder zu sein scheint

37. Mischfarben

Von hier und da
Orte der Unendlichkeit
Individuen wie die Sterne am Himmel
Farben wie Körner im Sand der Wüste der Ewigkeit
Bunt gemischt und lieblich der Farbe
Aus Blau und Gelb das Grün
Aus Rot und Blau das Violett
Mischlingskinder

Weltenbürger
Im Laufe der Zeiten sich neues ergibt
Liebend zusammen alles geteilt

38. Rot ist Rot und Tot bleibt tot

Sei da alles an seinem Platze
Orte welche zu schichten sich lohnt
Geschichten von den auflösenden Zweisinnigkeiten

Sowie die Schwärze das Licht verschluckt
So lebt das Leben in die Ewigkeit hinein
Rot ist Rot und Tot bleibt tot

39. Töne der Haut

Kulturen im Weltenmeer
Schon die alten Boote
kamen über die Weiten des Ozeans
Geteilt die Unbegrenzbarkeit
Offen die Welten
Viele Steine im Schreine der Völker
Alle hier für Liebe und Frieden
Geachtet als Zukunft der Mutter Erde

Geräuschliches und Klangliches

40. Ton um Ton

Ton um Ton entstand die Welt der Erde
Sein um Sein da vergangen
Dasein um Dasein wächst da immerwährend
Ton um Ton erklang der Gesang der Unendlichkeit
Sein um Sein sei da während
Dasein um Dasein
Was ist schon ewig im Weltenmeer

41. Der Gesang zum Klang

Weltenkinder singen die Welt
zum Entstehen und Erhalten
Liebe und das Sein in Vollkommenheit
Weltenkinder singen Mutter Erde daher
Klang und die Stimme des Universums
Der Gesang zum allseienden Klange

42. Und sie rang um den Klang

Als sie dann um den Klang rang war das Gefüge
fassungslos und sie nur allzu stimmlos. Die Geschichte
begann da wo sie niemand zu beginnen vermutete. Nur
stehts sie nur im Geiste geschrieben. Wie etwa die
Nachtigall nicht mehr singt, ist sie stimmlos, stumm
und klingt nicht mehr. Wer zu Anno dieser Zeit die
heiligen Worte in den Mund nahm, dem wurde die
Zunge genommen. Und wer die tiefe Wahrheit zu Tage
brachte, wurde so leise wie ohne Ton.

Das letzte was in ihr auch klang, war die Rangelei um
ihre auch so sehr geliebte Stimme der Wahrheit.

43. Töne von Gestern, Klänge von Morgen

Einst, Anno die alte Zeit, als die Musik unserer Urväter
und Urmütter zu klingen begann.
Und dazumal wo Laute und Minnesang die Zeit prägte.
Bis heute der Klang sei nie erloschen.
Denn Zeiten und Zeiten im Traume überleben.

44. Klanglich und tönlich

Sanglich klanglich und fröhlich tönlich.
Klanglichkeiten sind wie kleine spezielle Momente im
Leben.
Allem was tönlich in Erscheinung tritt und treten mag.
Wer es klanglich zu Gemüte nimmt und ebenso tönlich
da horcht, wir nicht selten verwundert sein wie
lebensfroh und angenehm die Ohren unser einen auch
leiten können.

45. Geräuschlich melodisch

Das Geräusch ist so alt.
Auch älter als unsere Mutter Erde.
Lebend, schwingend in Universum und deren anderer.
Als Klang der Geräusche.
Was nicht alles schwingt und als Geräusch entstanden.
So ist doch alles in und auf dem wir leben geräuschlich
melodisch.

Erde zu Erde

46. Wo die Wurzeln ruhn

Unter der Erde
Versteckt im Körper des Weltenseins
Im Schutze der Gewalten
Niemals vergessen und immerwährend
Getränkt vom Wasser des Geistes Sorge
Liegt da schon von Anfang an
und bis in alle Ewigkeit hinein

47. Wurzeln die gehn

Wurzeln wandeln schon seit jeher
Wurzeln können weite Wege gehn
Jedoch sind sie auch immer da wo sie seither waren
Dort beim Ursprung deiner, seiner und ihrer
Neue werden immer wieder geschlagen
Doch Ursprung bleibt Ursprung

48. Element der inneren Kraft

Im Innern Element der Erde
Urbar und der Wert zum gedeihen
Da wächst dein Eigen heran bis zur Blüte, welche
niemals verwelken mag
Erdenkraft und Weltendasein
Dein ureigenstes Ich
Immerliebend und voller Kraft

49. Erde der Erden

Wo die Erde in der Erde wächst und gedeiht
Magische Wurzeln da inneruhn
Nährt und bringt die Weltenblume zum wachsen
Sie sei eine Blüte der Immerzeit
Zugrundegelegt der Boden der Schöpfung
Sei die Erde der Erden
Für Wachstum und Ausgeglichenheit
Für Ausgewogenheit und Bodenstand
Fruchtbar in der ewigen Zeit

Wohliges und warmes

50. Ob das Wohl, wohl wohl wohlt

Immerdar das Verlangen sich wohl zu fühlen im
warmen Körper der Welten.
Wohlt das Wohlsein auch so schön.
Im Hiersein des genehmen Gemütes.
Obwohl es sich wohlzufühlen
und wohlzusein immer lohnt.
Denn wer wohlen Wortes spricht, der niemals vergisst,
dass die warme Sonn und jegliches Guttun einem des
Lebens wohlergeht.

51. Wärme des Gemütes

Erwärmt das Herz in allen Gezeiten
Von Herzen
Aus dem Bauch heraus und von voller Güte gedacht
Die Umarmung fest
und von voller Passion und Hingabe

Der Kuss in voller Sehnsucht auf ein Wiedersehn
Die Berührung sanft und von ganzer Lieblichkeit
Menschlichkeit da immerwährend in Liebe zum
Menschsein

52. Nicht nur zum Schein, warm sein

Was sei denn die Wärme welche den Menschen nährt
Das Herz, die Sprache und die ganze Seele
So ist sie tief im Geiste
Wie ein Feuer das ewig da währt
Die Ruhe, die Freude sei das ganze Juwel

53. So warm ist nur die Sonne

Wärmer als alles da Seiende
Der Pol der Wärmlichkeit
Angebeten seit Anno der Zeiten
Mächtiger als jeglich Sein
Unser Licht im reinen Herzen
Und die Wärme auf der Haut
Verschwindet nur aus unseren Augen
Aber sie immer da ist
Verehrt in Menschenkultur als Quelle alles Seins
Wo Schatten ist, da kommt ihr Licht hinein
Überall wo sie auch scheinen mag, entsteht das Spiel
des Lichtes ihr Wesen
Nur sie, so warm sie auch scheint

54. Inspiration als seiende Kraft

Vom inspirieren lassen und dessen Kraft
Der ureigenen Muse und deren Geistern
Von allen Arten sich in die Kreativität fallen zu lassen
Zu leben auf unserem Daseinsgrund
Für die Schwingungen der liebenden Kunst
Ihrer grössten Passion
Zu allem hinzu, die Geschichte der Kultur
Einssein mit und miteinander

55. Welten über Welten

Wo der Wind auch hinzieht
Wo Erden auch leben
Wo Wälder, Auen und Täler sich erstrecken
Wo seit Menschen Erdenken seiendes ist
Wo die Liebe den Hass peinigt
Dort im Lande der Vielfältigkeit
Im Fluge der Zeit auf Menschen Erden
Da seien die Welten entstanden
Da sind Welten über Welten
Da erzählt man vom Fluge der Welt
Da nennt sich Religion Liebe
Da können die Wesen Wesen sein
Da ergibt sich die Demut aller
Dort im Gefilde der Liebe
Im Fluge der Zeit auf Menschen Erden

56. Seien über Seien

Seien sie wo immer sie sind
Sind da wo sie auch ewig seien
Seien über Seien
Sind da wo sie sind
Seien in allem Weltengeschichte
Sind in allen Erdengeschichten
Seien über Seien
Sind da wo sie sind
Seien geboren für die Freiheit ihrer
Sind geboren im Meer von Seelen
Seien über Seien
Sind da wo sie sind

57. Seiend da Seiend

Jeglich lebend Wesen ist da seiend
Gedacht, geträumt oder gelebt
Die Möglichkeiten ohne Grenzen liebend seiende Kraft
in jeglichen Wesen
Jeglich wandelnd Leben findet seinen Weg
Gelebt, getan und geliebt
Die Realitäten seien lebend wie noch nie
Seiende Kraft in jeglichem Wesen

58. Wahrliche Wahrheiten währen der Wahrheit gewährt (Pantheon)

Wahrheiten überleben die Zeiten
Währen im Hier und im Geiste
Gewähren dem Wissen seine Gunst
Wahrlich ein Segen für die Welt der Gedanken

Die Wahrheit hat oft viele Facetten
des Ausdruckes und der Vernunft
Wäre da nicht das Schloss der Zeit
So gäbe es nicht das Versteck der Wahrlichkeiten

Pantheon

59. Vom Hören, Sehen und Vergehen

Wenn der Schall von den hohen Bergen der Vielfalt
erklingt und die Wellen des immerwährenden
Ozeans übereinander erbrechen,
sind die Klänge der Welt erhört.
Segelst auf den weiten Meeren der Vernunft.
Siehst nur den Horizont am Firmament.
Entdeckst die Schönheit in Gestalt einer Fee.
Ist die Schönheit der Welt erblickt. Verweilst in der
Hoffnung. Jedoch da ist alles Vergänglich.

60. Was man im Geiste trägt

Vom eigenen Geiste geprägt und getränkt in Passion
Bilder werden Träume, Träume Wahrheiten
Wahrheiten währen und der Geist sei immerwährend
Vielleicht die ganze Welt
und jedes Pantheon welches ersichtet und erhört
Vom Individuum zum Ganzen in sich einhergehend
Wie die Kunst eines Mandalas

61. Die Wahl

Der Herr im Himmel
Gott und seine Götter
Gottheiten und seine Jünger
Offene Weite
Heiligkeit wo auch
Die Tage des Jetzt erhalten die Wurzeln
Jedoch jedem seine Heiten und Heit
Vielleicht aber auch das Nichts

Vom Zeitlichen

62. Das Wesen der Zeit

Zeiten über Zeiten erleben Menschen Menschen
Menschen über Menschen erleben Welten in Welten
Voran nur Voran sind Menschen Menschen
Leben über Leben sind Welten in Welten
Jetzt im Jetzt sollten Leben leben
Achtung in Achtung
Mensch zu Mensch

63. Zeiten und Wesen

Die Zeit lebt nicht ohne ihre Wesen
Nicht Länder, nicht Kontinente
Die Wesen kann es nicht geben ohne die seiende Zeit
Nicht Mensch, nicht Natur

64. Zeitgeist

Der Geist der Zeit, wenn nicht allliebend für die
Wesenheiten der Erde
Der Puls der Zeit wenn nicht der Rhythmus zum Tanze
der Kinder der Welt
Der Zeitpunkt sei an Orten und Zeiten so wandelbar
wie die Vernunft die da auch am walten sei

Zeiten

65. Jetzt

Das seiende Leben im Hier und Jetzt
Vollends den Zeitgeist fühlend
Das seiende Jetzt in der Mitte des Lebens
Vollends fühlend den Zeitgeist gelebt

66. Morgen

Wer im Morgen lebt sei
progressiv und fortschrittlich
Oder eben auch nicht und im Hier und Jetzt
Zukunftsweisend ist nur der, welcher im Jetzt steht und
die Schritte der Zukunft entstehen lässt

67. Gestern

Auch nicht abzuschätzen wer
unsere Vergangenheit und Geschichte lebt
Vielleicht im Hier oder nicht im Jetzt
Aber wer steht schon nicht irgendwo im Moment der
Zeit

Welten

68. Welten der Erde

Von Karten über Überlieferungen
bis hin zu den Welten der Erde
Eine Erde voller Weltenbürger
Überlieferungen vom Anno alte Zeit
Plätze der Kraft und voller Wertschätzung
Karten aus Papyrus oder auf Leder gezeichnet
Weisen hin auf die Welten auf Erden im
Nimmermehrsland
Erzählt von den Völkern, Wesen und Schätzen
vorheriger Epochen
Ären der grossen Parallelen und Welten
Geschöpft aus Träumen die währen bis ins Morgen
und länger da seiend
Wo auch immer Füsse hintreten oder Flügel da fliegen
Da sei der Geist der Liebe allgegenwärtig

69. Parallelen

Ist die Parallele nicht immer das Selbe?
Der Unterschied desgleichen?
Oder alle Welten im Unterschied?

Seien die Parallelen immer im Unterschied?
Das Sclbe immergleich?
Und die Welt des Guten im Verhältnis?

70. Nichts da als Welten

Leben in Welten
Welten und Welten
Hören von Leben
Leben und Wesen
Sehen Menschen
Menschen und dergleichen
Gehen Wege
Wege und Umwege

Zum Geschichte

71. Abstrahiert

Vom Bild zum Punkte
Vom Orchester zum Solokünstler
Von der Skulptur zum einzelnen Steine

72. Gezeichnet

Von Leben und Schmach
Vom Pinsel zum Blei
Von Leidenschaft und dem Nichts

73. Schichten über Schichten

Von Farben
Von Menschen
Von Gefügen

Von Fläche, Raum und Zeit

74. Die schöpferische Dimension der Fläche

Eine Dimension mit allen Ebenen
Schöpferische Kraft der Kreativität
Was schon gemalt ist auf dem Chronolog der
Geschichten
Sei unendlich der Weite und unzählbar unbezahlbar
Die Dimension der Fläche
Eine Geschichte der Unendlichkeit

75. Die unendliche Fülle des Raumes

Kreiert aus Stein und Ton
Dem Raume seinen schöpferischen Inhalt
Gestalt in Gestalt
Vielleicht aus dem Gestein
Füllt dem Gefüge einer Form zum Leben
Musenhafte Welt des Raumes

76. Die musenhaften Klänge der Zeit

Was das Ohr nur zu hören vermag
Unendliche Welt des Klanges
Die akustische Resonanz der Zeit
Muse dort wo der Wind hinweht
Harmonie
Rhythmus und die Weisheit der Melodie
Vom Herzen zum Nichts und wieder zurück

Solokunst

77. Die Stille im Spiel

Schwebende Stille wie vor und nach dem Akte
Von Geistes Haltung zur Virtuosität geprägt
Der Traum zerflossen und auferlebt
Statische Energie,
welche jedes Gemüt wohlerfühlen lässt
Kein Wort, nur die Rhythharmonie des Solisten
In der Stille des inspirierenden Selbst

78. Raumfüllend

So sei die Stille so raumfüllend wie der Klang,
Harmonie und Puls
So zur Liebe gebracht und zum Wohlerhören gebracht
So bleibt im Raume der Musen alsdann der
wohlliebende Klang des Solokünstlers
So raumfüllend und allseits geliebt, kommt er daher
und schallt von allen Seiten
So füllend
So wie der Seelentraum
So erfüllend ist der Weltentraum

79. Aufgabe

Schaffung an der eignen Aufgabe und mehr
Muse bis zur Selbstaufgabe und wieder zurück
Wichtigkeit und Verwirklichung der Schöpfung geliebt
Geachtet und nie versehen zum Glück
Passion als Künstler im Solo aus Leidenschaft
Die Aufgabe sei die Aufgabe zu schaffen bis zur

Aufgabe und der Erleuchtung
Zu lieben die eigene Kunst bis ans Ende aller Tage

Musikalismus

80. Von Phasen, Phrasen und Philosophie

Die immerwährenden Phasen
der ach so geliebten Kunst
Auf einmal impressiv wie expressiv gelebt
Ein andermal solange
wie die Phasen sich hier verbreiten
Passion im Alltag und Leidenschaft der Schöpfung
So immerwährend
und niemals endend die Möglichkeiten
So die Phrasen des Künstlers Phasen da seien
Seiend die Philosophie des Klangkünstlers Leben
Getrieben von den Göttern der Harmonie
Geliebt vom Pantheon des Sophen
Das der Klang der Geräusche
So leben da die Phasen, Phrasen und die Philosophie

81. Mythos Ragaphras

Unbekannt und neu erfunden in der Welt der
pulsierenden Wahrheit
Ein Gefüge aus alten Steinen
Geflochten aus nicht zu altem Garn
Rhythmische Strukturen aufeinander folgend
Dankend die Welt für eine Rhythmelodie des Lebens
Ein Mythos voller inniger Inspirationen
Getragen von Musik der Welt

82. Der harmolodische Rhythmus der Welt

Was wäre die Entstehung von Welten ohne die
Schwingung des Klanges
Und so klinget der Puls des Universums
Pulsiert der Rhythmus der Welt
Spielt die Harmolodie für Menschen Seelen
Dass Liebe ist so seiend im Jetzt

83. Epos

Niemals vergessen und immer wieder erinnert
Immerwährend in den Zeiten der Epochen
Stilbegreifend auf Mutter Erde
Niemals vergessen und immer wieder erinnert
Immerwährend in den Zeiten der Epochen
Stilbegreifend auf Mutter Erde

Allerseits geachtet und Zweck erfüllend
Aus Liebe zur Ureigenen Kunst
Musik als Erbe einer seienden Spiritualität
Allerseits geachtet und Zweck erfüllend
Aus Liebe der Ureigenen Kunst
Musik als Erbe einer seienden Spiritualität

84. Dorisch, sophisch, mystisch

Aus Freude der harmonischen Schönheit
Zum Leben des Geistes Anmut
Zur Leidenschaft geboren
Im Schaffen der untergehenden Sonne
Aus dem Glück im seienden Leben
Zur Weisheit der Landschaften
Menschens Seelenfolk
Eingefärbt in die Weiten des unendlichen Kosmos

85. Musiklandschaften

Klänge wiederschallen vom Antlitz der Berge
Welten erklingen in der Transzendenz unseres Planeten
Erhallen bis in alle Ewigkeit im Schaffen des Nichts
Alles so erschaffen von Geräusch und Klang
Für die Bildnisse der Ären
Niemals endend in den Epochen des Friedens

Und zu guter Letzt

86. Seelenfolk

Wandern sie da in aller Ewigkeit die Wege ihrer
ureigenen Ahnen
Gegangen seit Urzeiten der Zeit
Sie seien Wesen
Sie seien Menschen
Sie sind Menschen Wesen
Leben im Wesen der Zeit
Der Platz sich zu treffen
Der Austausch der Wandelnden Wesen

...Und so lebt das Seelenfolk im Hier und Jetzt bis in
alle Ewigkeiten...

87. Haltung der Muse

Haltung der innigen Demut
Vergibt die Seel ihrem göttlichen Herrn
Haltung der Selbstaufgabe und was ist hier im Sein
Vergibt ihre kreative Liebe und noch mehr

88. Schmach der Musen

Verlebt, verliebt und nicht nur einers Muse
Verliebt, verlebt und keine Chance
Vergangen, verkommen zur Schmach der Muse

89. Gefallen, es gefällt und die gefällten Bäume

Uns gefällt der Gefallen eines vernünftigen Denkens
Bäume fällen auf Mutter Erdens Boden
Gefällt verkommen und da steht das Haus des reichen
Holzmannes

90. Geist der Reliquien

Was in der Welt der Welten auch so am Leben
erhalten blieb
Träume so vielfältig wie ein Bildnis der Erde
Gemälde hängen
und Skulpturen stehen im Schatten der Geschichte
Epos um Ära und Ära zu Epos
Was von Bedeutung sein mag, ist dann auch der Geist
in jedem Reliquium

Vom afrikanischen Kontinent
bis hoch in die Nordländer
Des Geistes Reliquien
Der Mensch voller Träume

91. Maskenkunst und Skulpturenwandel

Maskerade waltet schon seit der alten Zeit
Während bis in die heutige Zeit
Nur immer im Wandel von Erscheinung und Zeit

Abbilder von jeglich Ikonen der Zeit
Skulpturen mit und ohne den Geist der Zeit
Heilig und nichts dergleichen
Und alles schreit Zeit

92. Momente des Wachseins

Der Sonne empor wie die alten Götter
Von der Erde bis hin zum Universum
Hier, so wach und klar wie ein Bergkristall aus den
Alpen
Momente des Glücks und der Trauer
Zeiten der Bewegtheit und der Ruhe selbst
Wachsein auf Welten Erden
Immer wieder zur Freude und zum Sein

93. Welt im Wandel

Seit Epochen wandelt die Zeit in die Ewigkeit einher
Im Wandel sei sie auch zu heutigen Zeiten
und sowie im Morgen
Alles vergeht und entsteht in neuem Ich so wieder

So wie der Tod das Leben und das Leben dem Tode
Der Mann die Frau und die Frau dem Manne
Das Kreuz denen und sie dem Kreuze
Seit Epochen streben sie
zum Frieden auf Menschen Erden
Streben zum Universum und den Sternen
Und so sei die Welt im Wandel

94. Ritter des weinenden Gemütes

Obwohl die Rüstung hart und fast unzerbrechlich. Der
Regen prasst an ihr ab. Dennoch die Tränen in den
Augen des Streiters unverkennbar. Melancholie lässt
die Rüstung rosten. Sie wird da rötlich braun. Stark
gedachtes Gemüt von wem des Adels Blut. Der Kern
doch da weinet. Wer schon denkt da sei die Angst und
Trauer inne. Ritter sind bekanntlich hart vom Stamm.
Jedoch Mensch istMensch, ist ein Ritter auch da. Hoch
zu Rosse, er fällt tiefer als man denken kann.

95. Restaurant zur wandelnden Skulptur

Wie es viele Gasthöfe auch ausmachen. Sitzen, essen,
trinken, sprechen und feiern. Hier die Leute und lassen
sich bewirtschaften schön. Was verändert den
Menschen auch? Wandelnde Skulpturen hart wie Stein.
Einst im intellektuellen Restaurant zur wandelnden
Skulptur. Wein, der Rauch und Fraun zum Sein. So ist
der Gast als Kunstwerk und Form. Als dass man ihn als
Skulptur beschreibt. Sprache die da spricht aus des
Dichters Munde. Augenblicke durch Brillengläser
schimmern. Gesten gespielt und erahnt im Hiersein des
Ruhmes.

96. Das zerflossene Wasser

Versiegt und der Trockenheit verfallen
Alle Suche sei hier vergebens
Kein Fluss der Ehrlichkeit
Kein Elixier für eine Welt
Welche doch so sehr zu leben strebet
Vom Kinde zum Manne
Von der Frau zum Greis
So auch Tier und alles was da am wachsen ist
Vergebens
Die Mittel so naheliegend seien und der Einfachheit
nicht all der Ferne
Jedoch scheint die liebliche Sonne für alle Wesen auf
dieser so nahrhaften Erde
Nichts ist vergeben
Nur die Sucht nach anderen flüssigen Mitteln
Obwohl wir mit solchen auch das Wasser unzerflossen
machen können

97. Des Weges Breite

Für manche nur der schmale Grat des Lebens
Für andere einfach viel Platz
Vielleicht einer eher die Nuancen des Weges Breite
Der viele Platz der einem hier gegeben
Trotz oh Trotz
Er scheint in der Illusion wie Schmäle auch
Bist drin in des Weges Breite und findest die Wege
Welche der Weg auch zu geben hat
Wohlig bist du da und gehst Schritt für Schritt

Sodass es schwerelos dir erscheinen mag
Wechselwirkungen sind des Lebens eigen
So geht es der Güte und so sei der Weg seiner Breite

98. Verloren auf den Punkt gebracht

Weg, hinfort und nirgends mehr
Verloren und nicht mehr da
Vergessen, verworfen, gestohlen, geklaut und
entwendet
Was ist der Ewigkeit würdig?
Alles oder nichts
Das Eine oder das Jene
Nichts als offene Weiten
Verloren wie das Sandkorn auf dem Meeresboden
Erinnert an die Perle der Muschel

99. Heine so stark wie Stein

Was zu fühlen unzerstörbar
Im Geiste da ewig lebt
Das seiende Sakral der Erde und des Lebens
Immerwährend und im Versteck der Zeit